NOTICE SUR L'ORIGINE

DE LA

BIBLIOTHÈQUE DE LA FACULTÉ DE MÉDECINE

DE PARIS

CE QU'ELLE A ÉTÉ; — CE QU'ELLE SERA

PAR

LE Dr ACHILLE CHEREAU

Bibliothécaire de la Faculté de médecine de Paris
Membre de l'Académie de médecine, etc., etc.

PARIS

V. ADRIEN DELAHAYE ET Cie, LIBRAIRES-ÉDITEURS

Place de l'École-de-Médecine.

1878

NOTICE SUR L'ORIGINE

DE LA

BIBLIOTHÈQUE DE LA FACULTÉ DE MÉDECINE

DE PARIS

CE QU'ELLE A ÉTÉ; — CE QU'ELLE SERA

PAR

LE Dr ACHILLE CHEREAU

Bibliothécaire de la Faculté de médecine de Paris
Membre de l'Académie de médecine, etc., etc.

Extrait de L'UNION MÉDICALE (Troisième série)
Année 1878.

NOTICE SUR L'ORIGINE

DE LA

BIBLIOTHÈQUE DE LA FACULTÉ DE MÉDECINE DE PARIS

CE QU'ELLE A ÉTÉ; — CE QU'ELLE SERA

I

Trente-deux... Tel est le nombre de volumes, presque tous manuscrits, que l'ancienne Faculté de médecine de Paris ait jamais possédés avant l'année 1733, et qu'elle gardait, dans ses Écoles de la rue de la Bûcherie, munis de chaînes de fer qui les attachaient aux pupitres ou aux tables (1).

Trente-deux volumes !... Eh bien, c'était beaucoup avant la découverte de l'imprimerie, et alors que les écrivains, qui tenaient lieu d'imprimeurs, faisaient payer fort cher leurs copies, et s'enrichissaient aisément, pourvu qu'ils eussent le talent d'écrire nettement et correctement, et d'orner leurs œuvres d'enluminures et de dorures.

Un prince du sang, le plus magnifique de son temps, qui poussa jusqu'à la manie sa passion pour les rares collections, et qui finit par mourir endetté, Jean, duc de Berry, frère de Charles-le-Sage, n'avait pu réunir que 158 volumes au château de Mehun-sur-Yèvre.

A la mort de saint Louis, il ne se trouva que 6 livres dans les bagages du roi chrétien.

Guichard, gouverneur du Dauphiné, grand-maître de l'hôtel du roi, inventoria, en 1413, les livres qu'il possédait dans son manoir de Jaligny, et il en trouva 82.

Le roi de France lui-même, Charles V, auquel on apportait des livres de tous côtés, et qui entretenait au palais une foule de traducteurs, de copistes et d'auteurs, ordonna, en 1378,

---

(1) Ces livres, égarés pendant bien des années, furent retrouvés en 1746. M. Franklin en a donné l'énumération.

l'inventaire de la Librairie de la Tour du Louvre, et il ne s'en trouva qu'un amas de 900 environ, qui avait pourtant été commencé sous le roi Jean. Le plus pauvre médecin de nos jours en a souvent davantage.

Les livres étaient tellement rares et si recherchés, qu'on les considérait comme de véritables joyaux, qu'on ne les prêtait qu'avec la plus grande difficulté, et que, pour en obtenir des copies, on engageait souvent des sommes considérables.

Il y a à cet égard des faits curieux.

Ici, c'est Guillaume Boucher, médecin du duc d'Orléans, de Philippe de Bourgogne et de Charles VI, qui prête à nos Écoles de Paris, en 1396, vingt-deux francs, et qui reçoit en garantie la *Concordance* de Saint-Flour, l'*Antidotarium* d'Albucasis, et le *Totum continens* de Rhazès.

Là, Pierre d'Auxone, médecin du même prince Charles VI, ayant, par son testament (1410), légué à la Faculté les livres de Galien, *De utilitate partium*, il fut décrété, bedeau en tête, que tout docteur régent, qui voudrait avoir une copie du précieux joyau, serait tenu de dire ou de faire dire une messe de *Requiem* pour le repos de l'âme du donateur.

Nous avons rapporté ailleurs (1) plusieurs exemples analogues, qui prouvent la rareté, le prix exorbitant des livres, même longtemps après la découverte de l'imprimerie, et qui expliquent bien la joie immense de nos pères lorsque, en l'année 1733, ils se virent tout à coup à la tête de plusieurs milliers de volumes.

II

La Bibliothèque actuelle de notre École ne date, en fait, que de cette année 1733, et c'est à François Picoté de Bélestre que revient l'honneur de sa fondation. Né à Paris en 1661, reçu docteur le 30 février 1684, ce savant homme mourut le 31 décembre 1733, et fut enterré, le surlendemain, dans le cimetière de Saint-Jean-en-Grève. Sa dernière pensée fut pour l'Université qui l'avait nourri.

« Je lègue, écrit-il dans son testament du 10 mars 1732, à mon exécuteur testamentaire, Claude-Joseph Prévost, avocat au Parlement, ma bibliothèque pour être par lui établie à mon nom, au service public, dans l'Université de Paris, et ce, dans le lieu où il trouvera qu'on voudra la recevoir, et estimera le plus convenable. Plus, je donne 1,000 livres pour être distribuées en aumônes secrètes aux pauvres étudiants qui prieront Dieu pour moi (2). »

Grâce aux démarches et au zèle de Hyacinthe-Théodore Baron, alors doyen, la Faculté obtint que Claude Prévost se dessaisît de cette bibliothèque en sa faveur, ce qui eut lieu le 1er juillet 1732 (3).

Ce premier fonds était magnifique; de Bélestre laissait : 288 in-fol., 672 in-4°, et 2,496 in-8°, in-12, etc., soit 3,456 volumes, représentant 2,273 ouvrages sur la médecine, la littérature,

---

(1) La Bibliothèque d'un Médecin au commencement du XVe siècle. Brochure in-8° de 20 pages.
(2) Registres-Commentaires de la Faculté de médecine de Paris, t. XIX, p. 911.
(3) Voir Franklin.

l'histoire, les voyages, etc., etc. L'élan était donné; le digne initiateur d'une chose si excellente eut de nombreux imitateurs.

Mme Antoinette de Brion, veuve d'Ancelot de Beaulieu, président au Parlement, donna immédiatement 44 ouvrages in-folio, représentant 96 volumes. Philippe Hecquet, docteur régent, médecin ordinaire de Mme Des Vertus, mort aux Carmélites du faubourg Saint-Jacques, le 11 avril 1737, y ajouta, soit de son vivant, soit par legs testamentaire, plus de 1,715 ouvrages (près de 2,000 volumes) (1).

Les médecins Jacques (2), Reneaume (3), Col de Vilars (4), Winslow (5), Marteau (6), Helvétius (7), et beaucoup d'autres, vinrent successivement enrichir la collection.

De telle sorte que, en 1770, la Bibliothèque de l'École possédait 5,532 ouvrages et 7,420 volumes (8), placés sous la tutelle et sous la direction de Bourru, qui fut le dernier doyen de l'ancienne Faculté de médecine de Paris (9).

Dès l'année 1746, on avait fait graver par Duvivier une médaille pour rappeler à la postérité combien l'École avait à cœur l'éducation de ses bacheliers et le bien public (10). Cette médaille portait cette inscription :

BIBLIOTHECA

PUBLICI JURIS FACTA

DIE JOVIS. 3^a MARTII

M.DCC.XLVI.

La sollicitude alla jusqu'à acheter, du fournisseur Béga, une serge verte pour recouvrir les livres et les garantir de la poussière (11).

La Bibliothèque était ouverte deux fois par semaine, les jeudis et les samedis. Installée d'abord dans les vieilles Écoles de la rue de la Bûcherie, dans la sacristie de la chapelle, elle suivit nécessairement (1775) les docteurs, que l'écroulement, sans cesse menaçant de leurs

---

(1) Dans le premier don de Hecquet, on compte : 138 in-folio, 360 in-4°, 1,117 in-8° et *infra*.

(2) Gabriel-Antoine Jacques, mort célibataire, le 21 juillet 1755, à l'âge de 65 ans. (Enterré à Saint-Roch.)

(3) Michel-Louis Reneaume, sieur de La Garanne, membre de l'Académie des sciences, mort le 27 mars 1739. (Enterré à Saint-Sulpice.)

(4) Elie Col de Vilars, ancien doyen (1740-1743), mort le 26 juin 1747. (Enterré à Saint-André-des-Arts.)

(5) Jean-Bénigne Winslow, illustre anatomiste, mort à 91 ans, le 4 avril 1760. (Enterré à Saint-Benoît.)

(6) Louis-René Marteau, mort le 7 septembre 1764, à l'âge de 64 ans. (Enterré à Saint-Etienne-du-Mont.)

(7) Jean-Claude-Adrien Helvétius, le père du célèbre auteur de l'*Esprit*. Il fut médecin du roi, inspecteur général des hôpitaux, et mourut à Versailles, le 7 juillet 1755.

(8) Nous en possédons le catalogue par noms d'auteurs. Ce sont deux très-beaux volumes in-folio, œuvre remarquable de Bourru, et qui portent ce titre : *Catalogus librorum*, qui in Bibliothecâ Facultatis Saluberrimæ Parisiensis asservantur, ordine Authorum alphabetico digestus. Curâ et studio M. Edmundi-Claudii Bourru, ejusdem Bibliothecæ Præfecti, decano M. Ludovico-Petro-Felice-Renato Le Thieullier; 1770.

(9) Edmond-Claude Bourru, l'ami de Guillotin, mort à Paris, le 20 septembre 1823, à l'âge de 82 ans.

(10) Registres-Commentaires, t. XXI, p. 50.

(11) Registres-Commentaires, t. XX, p. 1014.

bâtiments, avait chassés pour aller se réfugier rue Saint-Jean-de-Beauvais, dans les masures non moins antiques de l'École de Droit. Les livres furent rangés en bon ordre, au second étage, dans deux salles situées au-dessus de la chapelle, et qui mesuraient quatre-vingt-quatorze pieds de long sur dix-huit de large (1). Et, le 19 septembre 1775, on pouvait lire, apposée sur les murs de la Faculté, une affiche conçue en ces termes :

« La Faculté de médecine en l'Université de Paris, étant dans l'indispensable nécessité d'abandonner ses Écoles sises rue de la Bûcherie, à raison de leur vétusté, donne avis au public que l'ouverture de la Bibliothèque, qui, suivant l'usage, devait se faire le jeudi après la fête de l'Exaltation de la Sainte-Croix, se fera cette année dans les anciennes Écoles de droit, rue Saint-Jean-de-Beauvais, bâtiment qu'il a plu à Sa Majesté lui accorder en attendant ; et que la rentrée de la Bibliothèque, ainsi que celle des Écoles, sera annoncée incessamment par de nouvelles affiches. »

Datum Parisiis, de mandato ac jussu Saluberrimæ Facultatis medicinæ Parisiensis, die Martis, decimâ nonâ mensis septembris, anno 1775.

Jacobus-Ludovicus ALLEAUME, Decanus,

De mandato D. D. Decani et doctorum regentium Saluberrimæ Facultatis medicinæ Parisiensis, hoc præsens monitum promulgavi.

Theodorus-Petrus CRUCHOT, primus Facultatis apparitor et scriba.

Typis Quillau, Saluberrimæ Facultatis medicinæ
typographi, viâ dictâ du Fouare.

A ce moment, la Faculté de médecine de Paris était déjà frappée à mort ; elle succombait à une longue agonie pour n'avoir pas voulu écouter la voix du progrès et de la philosophie. Enlacée dans les liens d'un passé qui ne pouvait plus être, sourde aux exigences de l'esprit d'observation et de contrôle, elle voulut résister, elle fut sacrifiée. La loi du 18 août 1792 l'anéantit comme toutes les corporations enseignantes ; celle du 4 décembre 1794, appréciant les vices de l'ancien enseignement, résolue à apporter aux nouvelles études de profondes et radicales modifications, la reconstitua sous le titre de : ÉCOLE DE SANTÉ.

III

Cette loi du 4 décembre 1794 porte :

Que l'École de santé siégera dans le local occupé auparavant par l'Académie royale de chirurgie, c'est-à-dire dans ce magnifique monument, œuvre magistrale de Gondoin, qui déploie sa belle colonnade sur la place de l'École-de-Médecine.

Qu'elle aura une bibliothèque et un bibliothécaire.

A cette époque vivait dans une grande considération un savant chirurgien qui avait donné, par des publications littéraires et critiques fort estimées, de nombreuses preuves de son érudition et de son goût décidé pour les recherches bibliographiques.

(1) Franklin.

Il se nommait Pierre SUE, et avait été successivement maître en chirurgie (1763), chirurgien de la ville de Paris, professeur et démonstrateur d'anatomie à l'École pratique (1787), professeur de thérapeutique (1790), prévôt du Collége des chirurgiens ; enfin, secrétaire par intérim de l'Académie de chirurgie.

Le choix du ministre tomba sur cet écrivain laborieux, et Sue fut nommé pour remplir les fonctions de professeur-bibliothécaire de l'École de santé. L'on ne tarda pas à se convaincre qu'on avait eu en cette occasion la main heureuse, car le nouveau titulaire mit en jeu, pour la formation d'une bibliothèque vraiment utile, toutes les ressources de son activité, de ses connaissances spéciales, et de son amour du bien.

Quels étaient les éléments auxquels on pouvait avoir recours pour arriver au but désiré, et imposé par l'autorité? On avait :

1° La bibliothèque provenant de l'ancienne Faculté de médecine de Paris, que nous avons vue se composer, en 1770, de 3,456 volumes. Mettons, pour l'espace compris entre les années 1770 et 1793, une augmentation de 200 volumes, cela fait, pour tout l'apport de l'ancienne Faculté, 3,656 volumes.

2° La bibliothèque des maîtres chirurgiens jurés de Paris, dont le catalogue, dressé en 1739, nous est parvenu (1). On y compte 701 ouvrages, soit 798 volumes.

3° Tous les livres que François de La Peyronie, chirurgien du roi, le véritable fondateur de l'Académie de chirurgie, légua à cette dernière Compagnie par testament du 3 décembre 1747. L'inventaire, qui en fut dressé dans le mois de décembre 1750 (2), donne 727 ouvrages, représentant 1,435 volumes. Ces livres étaient soigneusement rangés dans la galerie occupée aujourd'hui par le Musée d'anatomie (musée Orfila).

4° Enfin, les livres de la Société royale de médecine, dont le catalogue existe aux Archives nationales (3).

Voilà donc les *fonds* que Sue put colliger pour former la bibliothèque de la nouvelle École, et dont on peut résumer l'importance de la manière suivante :

Bibliothèque de l'ancienne Faculté.	3656 volumes.
Bibliothèque des maîtres chirurgiens de Paris.	798
Legs de Lapeyronie	1435
Bibliothèque de la Société de médecine (environ).	500
	6389

(1) Catalogue des livres de M^{rs} les chirurgiens et jurez de Paris, mis en ordre par A. Henriques, chirurgien juré et ancien prévost de la Compagnie, bibliothécaire nommé par délibération du Conseil, le 11e février 1739. Un volume petit in-folio de 226 pages, sans la table. Très-belle écriture, chaque page encadrée d'un double filet, noir et rouge.

(2) Inventaire des livres de feu Messire François de la Peyronie, légués au Collège de chirurgie par son testament du 18e avril 1747 ; commencé chez Mre Houslot, le 3e décembre 1750, et jours suivans de relevée, fini le 30e du même mois, jour du transport de la bibliothèque dudit Collège par MM. les prévosts en exercice, et par M. A. Henriques, ancien prévost, bibliothécaire du Collège, par délibération du 11e février 1739, et par le nouveau règlement donné par le Roy, du 18e mars 1751. Un volume in-folio de 97 pages. (Bibliothèque de la Faculté.)

(3) Inventaire de bibliographie et état des livres de la bibliothèque de la ci-devant Société de médecine,

Plus : Achats immédiats (1) ; délivrance par la Bibliothèque nationale de tous les ouvrages doubles relatifs à la médecine, qu'elle possédait (2) ; apports fournis par les bibliothèques des ex-communautés religieuses ; dons particuliers, etc., etc. C'est de cette époque que date l'acquisition, pour la forte somme de 3,600 livres, des dessins anatomiques de Lairesse, dessins qui ont servi à graver les magnifiques planches de l'Anatomie de Bidloo (1685), et qui sont aujourd'hui un des joyaux de notre bibliothèque. C'est aussi le 26 août 1796 que Pérylhes fit don à l'École d'un grand nombre de lettres originales de Guy Patin, écrites soit en français, soit en latin.

Tant et si bien que, quatre ans après la création de la bibliothèque, c'est-à-dire en 1798, Sue pouvait écrire ces lignes en s'adressant aux membres du Corps législatif, lesquels, par la plume de Calès, l'un d'eux, avait fait planer de graves et illégitimes soupçons d'incurie sur le professeur-bibliothécaire de l'École :

« ..... On aurait pu dire que mes travaux ont eu pour objet, d'abord la composition de la bibliothèque, portée d'environ *quinze cents volumes* à *quinze mille et plus* ; et ce, après avoir passé presque tous les jours, l'hiver comme l'été, un temps considérable dans tous les dépôts littéraires pour y choisir, sur à peu près un million de volumes, ceux qui pouvaient convenir à la bibliothèque de l'École ; on aurait encore pu dire que ces travaux ont aussi consisté à former deux collections uniques dans leur genre : l'une, de plus de douze mille thèses des pays étrangers, sur l'art de guérir, dont pas une double, avec la table alphabétique des auteurs et des matières (3) ; l'autre, de plus de trois cents volumes in-4°, in-8° et in-12, contenant à peu près, chacune, une vingtaine de brochures tant anciennes que modernes, rangées également par ordre d'auteurs et de matières (4)... On eût pu dire que j'ai mis en ordre et disposé de manière à les trouver sur-le-champ, dix mille ouvrages manuscrits des ci-devant

et des livres en feuilles, avec le nombre d'exemplaires transportés dans la bibliothèque de chirurgie, 20 germinal an III. (Arch. nat., carton F¹⁷, 1194, N° 109.)

(1) Extrait des procès-verbaux des Assemblées des professeurs de l'École de santé, en date des 25 janvier et 25 février 1795 :
« On demandera 1,200 francs par an pour l'acquisition des livres de médecine publiés en langues étrangères.
« Le bibliothécaire demande pour achat de livres, reliures, journaux, etc., 2,400 livres. »

(2) 24 août 1795. Arrêt du Comité d'instruction publique qui autorise le bibliothécaire de l'École de santé à réclamer tous les livres sur l'art de guérir qui se trouvent en double à la Bibliothèque nationale.

(3) Nous avons cette magnifique collection ; elle forme 301 volumes in-4°. Nous possédons aussi les deux *Index*, l'un par noms d'auteurs, l'autre par matières, que Sue en a rédigés (2 volumes in-4°, an X). Mais Sue, en disant, dans la précédente protestation, que cette collection de thèses étrangères contient « près de douze mille thèses » se trompe. Il avoue lui-même, dans un *Monitum* annexé aux *Index*, qu'il y a là « feré sex millia thesarum ». Ajoutons qu'en 1818, Moreau de la Sarthe, et Husson, l'un bibliothécaire, l'autre sous-bibliothécaire de la Faculté, ont refait, par ordre de matières, la table de ces 331 volumes de thèses étrangères (2 volumes in-4°).

(4) Cette belle collection forme ce que nous appelons, à la bibliothèque de la Faculté, les *Mélanges* in-4° et in-8°. Le premier fonds en a été considérablement augmenté par les successeurs de Sue, et nous avons aujourd'hui, de ces *Mélanges*, 240 volumes in-4° et 659 volumes in-8°. Si nous ajoutons à cela 666 volumes de brochures en *Collection*, un groupe de 97 volumes de *Dissertations*, un autre groupe de *Varia*, de 187 volumes, nous arrivons ainsi à 1,849 volumes in-4° ou in-8° de *Mélanges*, de près de 40,000 brochures se référant à toutes les branches de l'art de guérir. Encore, dans ce calcul, ne tenons-nous pas compte de plusieurs autres *Mélanges* groupés suivant un point spécial des connaissances médicales : Pathologie, obstétrique, thérapeutique, littérature médicale, etc.

Faculté de médecine, Société de médecine, et Académie de chirurgie, qui étaient épars dans près de trois cents cartons (1)... Une dernière vérité qui ne sera pas plus contestée que les précédentes, c'est qu'à peine le nombre des livres de la bibliothèque a été porté environ à neuf mille, j'ai demandé qu'elle fût rendue publique, ce qui a eu lieu le 25 vendémiaire de l'an IV, en présence des citoyens Plaichard (2) et Baraillon (3), commissaires nommés par le Comité d'instruction publique pour assister à l'ouverture de la bibliothèque. J'ai prononcé alors sur la bibliographie médicale un discours qui a été imprimé par ordre du gouvernement... Mes travaux, je l'avoue, ne sont pas brillans, mais ils étaient nécessaires pour utiliser ceux de nos collègues ; mais je leur ai sacrifié ma santé ; cela suffisait pour m'en savoir gré et en faire mention (4)... »

IV

Doubler la bibliothèque, la décrire, en jouir, tel est, en termes qui rappellent le fameux *veni, vidi, vici* de César, le vœu émis par l'assemblée des professeurs de l'École de santé, dans leur séance du 16 janvier 1795. L'on doit à la mémoire de Sue de dire qu'il a rempli, autant qu'il lui a été possible, le programme demandé.

C'est à lui, secondé d'un aide-bibliothécaire, qui n'était autre que Pariset, que l'on doit l'aménagement de la grande salle de la bibliothèque actuelle, vaste parallélogramme de 24.10 mètres de longueur sur 9.20 mètres de largeur, suffisamment éclairé par de larges et hautes fenêtres, ainsi que par une ouverture vitrée ménagée dans le plafond (5). Après avoir fait abattre deux cloisons, qui donnaient ainsi trois salles distinctes (6), Sue fit construire quarante et une armoires fermées à clef, jusqu'à la hauteur de 2 mètres 25, par des portes grillagées. On désigna chacune de ces armoires par un numéro en chiffres romains, peint au-dessus de chacune d'elles, et l'on rangea les 15,000 volumes sur les rayons.

On les rangea, non pas d'une manière arbitraire, mais relativement assez méthodique, de manière que chaque armoire comprit un groupe plus ou moins tranché des connaissances humaines.

(1) Tous ces papiers ont été remis à l'Académie de médecine comme descendante, plus ou moins légitime, de la Société de médecine.
(2) René-François Plaichard-Chollière. Il fut député du département de la Mayenne et membre du Conseil des Anciens.
(3) Jean-François Baraillon, médecin, et membre de la Convention. Il mourut le 14 mars 1816.
(4) Le citoyen Sue, professeur-bibliothécaire de l'École de santé de Paris, membre du jury d'instruction publique pour les Écoles primaires. Aux citoyens membres du Corps législatif. De l'imprimerie de Stoupe, rue de la Harpe. An VI ; in-8º de 7 pages.
(5) Voyez Gondoin, Description des Écoles de chirurgie. Paris, 1780 ; grand in-folio. Planche VII.
(6) La salle de la Bibliothèque, telle que nous la voyons aujourd'hui, était, en effet, autrement disposée sous l'Académie de chirurgie, étant alors divisée en trois parties : A l'entrée, une antichambre, avec vestiaire à côté ; au fond, une salle du Conseil, ornée du portrait de saint Louis, regardé comme le fondateur de la Communauté des chirurgiens de Paris ; plus une petite salle pour les archives. Au milieu, une salle pour les assemblées de l'Académie, assemblées qui se tenaient tous les jeudis, pour entendre la lecture des mémoires ou observations des maîtres en chirurgie, et pour discuter sur toutes les parties de l'art. La pièce de 32 pieds (10 mètres 66) en carré, était éclairée par trois croisées sur la grande cour, et par l'ouverture du plafond, nécessaire aux observations anatomiques. Le portrait de Louis XV et divers tableaux ornaient la salle. (Gondoin, op. c., planche VII.)

Puis l'on donna à chaque rayon un numéro en chiffres arabes, et chaque ouvrage reçut son individualité par un sous-chiffre.

Nous dirons tout à l'heure le vice de cette disposition, et les conséquences fâcheuses qui en sont résultées.

C'est aussi Pierre Sue qui, le 25 vendémiaire an IV (18 octobre 1795), jour que nous ne devons pas oublier, provoqua l'ouverture officielle d'un service si important pour le bien de l'École.

La cérémonie, qui eut lieu à dix heures du matin, dans l'amphithéâtre, ne fut pas sans grandeur, et fut encore rehaussée par la présence des citoyens Plaichard et Baraillon, représentants du peuple, et faisant fonctions en ce moment d'envoyés du Comité d'instruction publique. Thouret, directeur de l'École, présidait, entouré de vingt et un professeurs, et ayant à ses côtés les représentants de la nation. Une foule d'élèves occupaient les bancs, sachant bien qu'on s'était occupé d'eux, alors qu'on mettait à leur disposition une collection bibliographique qui devait leur faire connaître les travaux immenses de leurs devanciers, et leur infuser la science moderne représentée par une foule d'ouvrages.

Tout à la fois professeur de bibliographie et bibliothécaire en chef de l'École, Sue devait nécessairement inaugurer par un discours un établissement à la création duquel il avait pris une si grande part. Nous avons là sous les yeux cet échantillon, intéressant à plus d'un titre, de la littérature sentencieuse et sentimentale créée par l'époque révolutionnaire, mais dans laquelle l'orateur a déployé les ressources d'une érudition solide, de son amour pour le bien et de ses aptitudes bibliographiques (1). Nous en détachons ces passages que la nature et le but même de cette notice doivent faire ressortir :

« C'est sans doute dans la vue de favoriser, de hâter même les recherches bibliographiques en médecine, que l'ex-Comité d'instruction publique a arrêté l'établissement d'une bibliothèque dans l'Ecole de santé; son intention était aussi qu'elle devint utile et profitable à tous les gens de l'art... Pour créer une bibliothèque quelconque destinée à devenir publique, il faut deux choses : 1° assigner les bases de sa composition; 2° fixer le plan à suivre pour la rendre utile et profitable à tout le monde... Dans la bibliothèque de l'École de santé, on doit trouver tous les ouvrages qui traitent des différentes parties de l'art qu'on y enseigne; savoir : l'anatomie, la physique, l'hygiène, la botanique, l'histoire naturelle, la pathologie interne et externe, la médecine opératoire, la médecine légale, les accouchements, la médecine vétérinaire, la bibliographie. Il faut, sur ces différentes branches, se procurer les meilleurs ouvrages, les médiocres et même les mauvais, qui n'ont souvent pour tout mérite que leur rareté ou leur singularité. Il faut y joindre ceux sur les mêmes matières qui paraissent successivement à l'étranger; ceux qui, sans avoir un rapport à ces matières, renferment des articles qui en traitent; tels que les journaux anciens et modernes, les collections académiques et des Sociétés savantes; tels que certains voyages remplis de faits curieux sur l'histoire naturelle, les mœurs civiles, les maladies et les remèdes des peuples dont ils donnent

---

(1) Séance publique de l'École de santé, du 25 vendémiaire an IV. Discours du citoyen Sue, professeur et bibliothécaire, sur la *Bibliographie médicale*. Imprimerie de Boiste, rue Hautefeuille, n° 21. In-8° de 35 pages.

l'histoire; tels que les différentes collections bibliographiques, les catalogues des livres rares et précieux... Une des plus grandes difficultés que j'ai rencontrées pour la composition de notre bibliothèque, a été relative aux ouvrages classiques, aux glossaires, aux dictionnaires de langues, aux lexicons, à certains historiens, poètes, romanciers même, à certains livres de jurisprudence; il est bien vrai que ce ne sera pas ici qu'on viendra chercher la plupart de ces livres pour les consulter. Aussi n'est-ce pas pour le public que nous avons un seul exemplaire de chacun : c'est pour l'usage intérieur de l'École; c'est pour faciliter aux professeurs les travaux auxquels ils se livrent, chacun dans son genre, et afin qu'ils ne perdent pas à parcourir les autres bibliothèques publiques, un temps précieux qu'ils prennent sur leurs veilles pour perfectionner l'art par l'étude... Pour prouver que les écrits, même des auteurs classiques, peuvent être consultés en fait de médecine, nous citerons ceux de Plutarque, qui sont remplis de règles et de préceptes de santé... Quand Voltaire, J.-J. Rousseau n'auraient pas traité, en différents endroits de leurs ouvrages sublimes, des matières relatives à la physique, à l'hygiène, à l'histoire naturelle et aux autres branches de l'art de guérir, la nation, par reconnaissance et en faveur de la révolution que ces grands hommes ont préparée par leurs écrits, ne doit-elle pas désirer, ordonner même qu'il soit déposé un exemplaire de ces ouvrages dans toutes les bibliothèques publiques, et, par conséquent, dans celle de l'Ecole de santé?... Il est encore d'autres livres que, sur le titre seul, on jugerait ne devoir pas faire partie de notre bibliothèque, et qui, cependant, doivent y entrer.

Le *Podagra politica*, publié en 1637, n'est pas, comme on pourrait se l'imaginer, une allégorie, une allusion aux maux de l'Etat; c'est un véritable traité de la goutte comme ceux de Doublet, de Ponsart, de Paulmier.

Le *Medicina politica* de Charles Collignon (1786), contient de curieuses réflexions sur l'art de guérir, considéré comme inséparablement lié à la prospérité de l'État.

Tout en publiant une Architecture française des *bâtiments particuliers*, Louis Savot y a traité des moyens d'assurer la salubrité des bâtiments, et y a donné des préceptes d'hygiène très-utiles.

En 1789, il a paru, sous le voile de l'anonyme, une brochure intitulée : *Apologie du jeûne*. Qui ne serait pas étonné de voir ce livre placé parmi ceux de médecine? Qui ne le prendrait pour un livre de piété? On va en juger par une courte analyse de ce qu'il contient. L'auteur s'efforce de prouver que, loin de ruiner la santé, le jeûne est le moyen le plus sûr de prévenir les maladies et de vivre longtemps; et voici comment il le prouve. Il a comparé la vie de cent cinquante-deux solitaires choisis dans Baillet, ou d'évêques qui avaient vécu comme eux, avec celle d'autant d'académiciens, moitié de l'Académie des sciences, moitié de celle des belles-lettres. Il résulte de cette comparaison qu'il y a, du côté des solitaires, onze mille cinq cent quatre-vingt-neuf ans de vie, et, du côté des académiciens, seulement dix mille cinq cents ans. L'auteur en conclut que le jeûne, même avec les excès qu'on peut se permettre, prolongerait la vie moyenne d'un peu plus de sept ans...

Ces exemples, et une infinité d'autres aussi convaincants, prouvent démonstrativement qu'il y a nombre de livres dans lesquels on trouve des sujets intéressants relatifs à la médecine, quoique leur titre annonce des matières tout à fait opposées... »

Le discours de Sue fut couvert d'applaudissements.

Puis, les représentants du peuple, après avoir donné le baiser fraternel à l'élève de l'École jugé le plus digne, ont visité ensuite la bibliothèque, et ont applaudi à l'ordre et à l'arrangement qui y régnaient, témoignant, pareillement, aux professeurs combien ils étaient satisfaits du zèle et des soins qu'ils avaient apportés à accélérer la jouissance d'un établissement aussi utile.

N. B. — L'empressement de l'École de santé, pour faire jouir le public de sa bibliothèque, a hâté le moment de son ouverture ; les travaux qu'elle exige encore, l'embarras des ouvriers et d'autres causes forcent de borner pour le présent cette ouverture aux *quintidi* et *décadi*, depuis dix heures du matin jusqu'à deux heures. Sitôt que la bibliothèque pourra être ouverte plus souvent, le public en sera prévenu par de nouvelles affiches.

Quatre ans après cette mémorable séance, le 14 octobre 1800, Fourcroy s'exprimait ainsi dans la séance d'ouverture de l'École : « Passerai-je sous silence l'heureux changement de la bibliothèque resserrée, pendant les années précédentes, dans une galerie (1) qui ne pouvait plus contenir les livres dont l'École s'enrichit sans cesse, et qui ne permettait pas de les ranger méthodiquement? Une salle grande et mieux disposée, un local plus vaste et plus tranquille, vous offrent aujourd'hui la collection la plus riche de livres de médecine ; l'ordonnance et le classement des ouvrages, si favorables aux lectures assidues, aux recherches suivies, au complément de l'étude, ajoutent maintenant un nouveau prix au riche dépôt de livres que possède notre Ecole. Le lieu qu'elle occupait auparavant laisse maintenant à l'agrandissement des cabinets d'anatomie et de pathologie, à l'arsenal chirurgical, une enceinte continue qui permettra bientôt de vous en offrir tout le développement, de leur donner la disposition régulière et l'arrangement méthodique nécessaires pour faire bien juger de leur richesse et bien profiter de leur ensemble. »

Pierre Sue est mort à Paris, le 28 mars 1816, à l'âge de 77 ans. Il y avait huit ans qu'il n'était plus bibliothécaire, ayant obtenu, le 2 mars 1808, une chaire de médecine légale.

L'Ecole rendit hommage à sa mémoire en assistant, « en corps », à ses funérailles.

Il n'est pas sans intérêt de dire qu'il était de la famille qui a donné Eugène Sue, mort en Savoie, le 3 juillet 1857. Le père du grand romancier et notre bibliothécaire étaient cousins germains.

Se conformant à une invitation du ministre de l'intérieur, qui demandait (26 août 1798), « qu'on dressât un catalogue de la bibliothèque sur un plan dont il adressait le modèle, pour uniformiser les catalogues des différentes bibliothèques publiques », Sue entreprit la rédaction d'un double catalogue des livres qu'il avait eu tant de peines à rassembler et à ranger : un catalogue par noms d'auteurs, sur cartes et sur registre ; un catalogue par matières sur registre. Nous n'avons que le *premier* volume du catalogue par matières ; il va de *Abcès* à *Insensés* (2). Nous ne possédons, non plus, que le *second* tome du catalogue par noms d'auteurs (depuis *Kaau* jusqu'à *Zypæus*). Après tout, ces témoins des labeurs du digne organisateur de notre bibliothèque, ne nous seraient presque d'aucune utilité aujourd'hui, la col-

---

(1) Musée Orfila.
(2) Catalogue, par ordre de matières, des livres de la bibliothèque de l'École de médecine de Paris. Tome Ier, an XIII (1805). In-folio, non relié, de 915 pages.

lection étant montée de 15,000 à environ 60,000 volumes. Ils ne peuvent que nous inciter à marcher sur les traces de Sue, en tenant compte des progrès considérables qu'a faits la science bibliographique.

V

J'ai dit plus haut que d'après le mode d'arrangement et de classement des livres adopté par Sue, lors de leur installation dans la salle actuelle, chaque ouvrage porta sur son dos le numéro de l'armoire, le numéro du rayon et le numéro d'individualité. Avec cette combinaison, le livre devenait l'esclave absolu de la *place* qui lui était attribuée, et en changeant de place il perdait son état social, pour ainsi dire. Sans doute, cette méthode avait, pratiquement parlant, de grands avantages, mais à une condition, c'est que la collection n'augmentât pas ou de très-peu. Sue avait fort bien raisonné au point de vue du présent, et ne s'était pas inquiété de l'avenir.

En effet, il est arrivé ceci, à savoir que les livres fort nombreux qui sont venus peu à peu enrichir le fonds primitif, on trouvé toutes les places prises, et que les moyens de se caser à côté de leurs congénères leur ont fait défaut. D'un autre côté, les livres, comme tout en ce monde, vieillissent vite; tel ouvrage, d'un usage journalier au moment de son apparition, devient, souvent très-rapidement, l'objet des recherches des érudits seuls. Et la bibliothèque d'une École de médecine présente ce caractère particulier qu'elle est spécialement interrogée par des jeunes gens, bien plus avides de connaître la science du présent que celle du passé.

Les successeurs de Sue se sont donc trouvés devant une véritable avalanche de livres auxquels ils n'ont pu accorder l'hospitalité sur les rayons de la grande salle.

Que faire dans une telle occurrence? On a cherché des locaux disponibles, et l'on a créé, dans des greniers, dans des cabinets, partout où l'on a pu, enfin, des *dépôts partiels*, dans lesquels on a relégué, à mesure que les exigences du moment le commandaient, les livres vieux ou vieillissant, rarement demandés, pour les remplacer sur les tablettes par des ouvrages modernes, par ceux que les lecteurs habituels demandent tous les jours pour la préparation de leurs examens et de leurs thèses.

C'est à peine si au bout d'une vingtaine d'années Sue eût pu reconnaître son œuvre dans ce bouleversement des rayons de la bibliothèque.

Au reste, si le lecteur veut bien nous le permettre, nous allons jeter un coup d'œil rapide sur cette bibliothèque, de manière à en faire ressortir les choses les plus remarquables, et à agir un peu comme le voyageur qui, se trouvant de passage dans une grande ville, et n'ayant que peu de temps à sa disposition, se contente, pour le moment, d'en visiter les principaux édifices.

Thèses. — Voici un des groupes les plus importants de nos collections, et qui ne compte pas moins de 4,853 volumes, la plupart tous format in-4°. Ils se répartissent ainsi; nous donnons des chiffres ronds :

Thèses de Paris, 970 volumes, trois exemplaires, soit................	2.910 vol.
— de Paris, rangées par matières	283
— de Paris, mais ne formant pas un tout complet	845
— de concours (Paris), plus de	50
— de Montpellier, toutes cataloguées à cette heure par M. Corlieu..	290
— de Strasbourg, cataloguées par M. Thomas...................	110
— étrangères	340
— passées à l'ancienne Faculté	25
	4.853 vol.

Ces dernières thèses, réunies par les soins d'Urbain de Vandenesse et de H.-T. Baron, tous deux docteurs régents, sont en partie manuscrites, en partie imprimées, et se montent à plus de 3,000. Elles constituent un des éléments les plus importants de l'histoire scientifique et médicale de l'École de Paris, depuis l'année 1539 jusqu'à l'année 1778. Ce qui rehausse encore le prix de cette collection, probablement unique en cet état, c'est que plusieurs de ces thèses sont *historiées*, c'est-à-dire ornées de fort belles gravures représentant soit les blasons, soit les portraits de personnages illustres auxquels elles ont été dédiées :

Journaux, publications périodiques, etc., en langue française ou en latin...	6.090
Journaux, publications périodiques, en langue allemande, environ.........	900
Journaux, publications périodiques, en langue anglaise..................	1.490
Ouvrages imprimés en allemand, en anglais, etc.......................	3.000

Magnifiques ouvrages à gravures, in-folio, parmi lesquels on peut citer : Voyage pittoresque de France; Voyage pittoresque de la Grèce; Voyage pittoresque de Naples et de Sicile; Plantes rares cultivées à la Malmaison; Le sacre de Louis XV; Le mariage de la Dauphine; La généalogie royale; Les tapisseries du Roi, etc., etc.

Une superbe collection d'ouvrages sur l'histoire naturelle, sur la botanique particulièrement. Ils garnissent presque toute une salle du dépôt général que nous avons formé avec les dépôts partiels. Là, à l'époque du cataloguement, sont réservées bien des joies aux conservateurs véritablement amis des livres.

Une masse imposante de livres sur la littérature française et étrangère, sur l'histoire, la géographie, les voyages, les antiquités, l'archéologie, la philosophie, la jurisprudence, la bibliographie, etc., etc. On sent là la main de Sue, qui comprit que notre art embrasse toutes les connaissances humaines, et que rien ne doit rester étranger à celui qui veut sûrement voguer sur la barque hippocratique.

Je ne fais que glisser sur les incunables, sur les livres rares, soit par la date de leur impression, soit par la beauté de leur impression. Sous ce rapport, notre bibliothèque peut joûter avec la plupart des autres collections. Je rappelle seulement que Hippocrate est représenté par plus de 300 numéros. Galien se donne, à lui tout seul, plus de 250 numéros. Un Servet (*Christianismi restitutio*), détérioré en plusieurs endroits par la pourriture, a été vendu près de 5,000 francs à la vente La Vallière. Nous en possédons un, intact, et qu'on dirait sorti d'hier de chez l'imprimeur; ce simple volume in-8°, de 784 pages, pourrait être mis sur le plateau d'une balance, et attendre que l'autre plateau lui fît équilibre sous le poids de l'or ; il trouverait acquéreur.

La bibliothèque de la Faculté possède aujourd'hui 310 volumes manuscrits. Combien d'autres, autrefois, en ont été perdus, distraits... ou volés! Citons, au courant de la plume, des fragments hippocratiques du commencement du xive siècle ; un Guy de Chauliac, de la même époque ; les admirables dessins originaux de Lairesse, qui ont servi à graver les planches anatomiques de Bidloo, et qui, par autorisation ministérielle du 15 mars 1796, ont été achetés 3,600 francs ; les papiers scientifiques de Bichat, que Roux a fait acquérir (1832) au prix de 2,000 francs. Nous les avons mises en ordre, ces précieuses reliques ; elles n'attendent plus qu'un relieur habile pour leur donner un abri digne du grand homme qui y a déposé ses immortels écrits.

VI

Si, dans cette notice, nous avions eu pour but de parcourir l'histoire de la bibliothèque de la Faculté jusqu'à nos jours, nous aurions à parler de la direction des successeurs de Pierre Sue.

— De Moreau, de la Sarthe, qui fut bibliothécaire depuis le 12 mars 1808 jusqu'à sa mort, arrivée le 13 juin 1826. On lui doit, particulièrement, le rangement plus méthodique des livres, et un catalogue qui est encore aujourd'hui notre plus précieuse source de recherches et d'informations, et qui forme six volumes in-folio.

— De Patrice Mac-Mahon, de la famille du Président actuel de la République française, ancien chirurgien de 3e classe dans les hôpitaux ambulants de l'armée du Rhin et de la Moselle, qu'il quitta le 25 germinal an V (14 avril 1797). Il mourut le 23 décembre 1835, après avoir rempli pendant neuf années les fonctions de bibliothécaire. Son installation fut un coup de maître, car, le 11 août 1826, il obtenait 10,000 francs exclusivement consacrés à l'augmentation de la bibliothèque et des collections anatomiques. C'est sous sa direction que Bideault de Villiers céda à l'Ecole tous ses livres ; que Roux fit acheter les papiers scientifiques de notre immortel Bichat (23 mai 1832). Il faut passer sous silence un malheureux conflit qui s'éleva entre Mac-Mahon et ses deux bibliothécaires adjoints, Bayle et Dézeimeris. L'affaire se termina par la substitution du titre de sous-bibliothécaire à celui de bibliothécaire adjoint.

— De Dézeimeris, mort le 16 février 1852. Il y avait plus de seize ans qu'il était bibliothécaire de l'École. Chargé, en 1829, par Landré-Beauvais, alors doyen, d'exécuter un catalogue par ordre de matières, il entreprit, mais ne fit qu'ébaucher ce travail, dont il nous reste, en feuilles, de quoi faire deux volumes in-folio ordinaires. Cet essai ne pourra être utilisé ; le plan est mal conçu et impraticable dans l'exécution. Quoi qu'il en coûte, on est forcé de reconnaître que Dézeimeris n'a pas su comprendre son rôle, et qu'en lisant les détails de ses conflits avec ses chefs hiérarchiques, on n'est pas disposé à se ranger sous sa bannière.

— De M. Raige-Delorme, nommé sous-bibliothécaire en mars 1836, proposé comme bibliothécaire, et à l'unanimité (23 voix), par les professeurs de l'École, le 19 février 1852, et consacré le mois suivant par décision ministérielle. Les éloges et la critique ne sont à l'aise que devant les morts, et se taisent en présence du patriarche respecté de la bibliographie médicale.

VII

Les promeneurs qui longent le nouveau et magnifique boulevard Saint-Germain ne manquent pas, arrivés au niveau de l'École de médecine, de jeter un regard curieux et interrogateur sur une longue et vaste tranchée qui est creusée en cet endroit, et du fond de laquelle s'élèvent déjà, à fleur de terre, de solides assises en pierres meulières.

C'est là que dans trois ou quatre ans s'élèvera la bibliothèque de la Faculté de médecine de Paris, élément important des vastes agrandissements de notre École.

L'architecte en est M. Ginain; on peut se fier à ses talents, à son zèle et à son amour du bien et du beau. Les détails qui suivent sont le résumé des notes qu'il a bien voulu nous communiquer, accompagnées d'un plan que nous avons fait considérablement réduire.

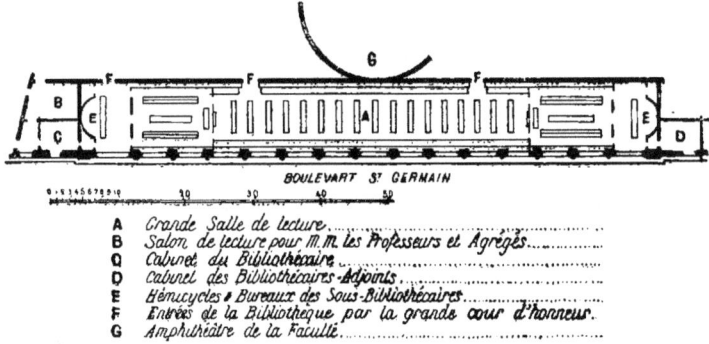

A   Grande Salle de lecture
B   Salon de lecture pour M.M. les Professeurs et Agrégés
C   Cabinet du Bibliothécaire
D   Cabinet des Bibliothécaires-Adjoints
E   Hémicycles e Bureaux des Sous-Bibliothécaires
F   Entrées de la Bibliothèque par la grande cour d'honneur
G   Amphithéâtre de la Faculté

Le monument, dont la belle façade se développera ainsi sur le boulevard Saint-Germain, se composera de deux parties :

D'un corps principal ;

De deux ailes moins élevées à ses extrémités.

Disons tout de suite, pour ne plus y revenir, que ces ailes sont destinées, entre autres attributions, à recevoir deux cabinets, l'un pour le bibliothécaire, l'autre pour ses collaborateurs ; plus, du côté de la rue Hautefeuille, un salon de lecture dans lequel les professeurs et agrégés de la Faculté pourront, à leur aise, confortablement, et comme s'ils étaient chez eux, consulter les ouvrages qui leur seront apportés par des garçons de service, se débarrasser, dans un vestiaire spécial, des paletots, chapeaux, toques, robes, etc., et se livrer à l'étude. Le bibliothécaire n'aura donc plus le chagrin de ne pouvoir offrir au corps enseignant de l'École, pas même un petit coin isolé du mouvement général du service. Les choses seront arrangées de manière à ce que les professeurs et agrégés, les bibliothécaires, pourront parvenir aux locaux spéciaux qui leur seront assignés, sans être obligés de passer par la grande salle de lecture dont nous parlerons tout à l'heure.

Le corps principal, dont la façade présentera un développement linéaire de 90 mètres, aura deux étages : au premier étage, la bibliothèque ; au second étage, formant comble, les archives de l'École, et des salles suffisantes pour recevoir un dépôt des *doubles* des livres, des ateliers de reliure, de brochage, de réparations, etc.

Nous allons bientôt pénétrer dans la salle publique de la bibliothèque, mais, auparavant, ne quittons pas la façade sans dire ce qu'elle sera. Cette façade sera percée, entre des colonnes d'ordre ionique, de quinze baies de fenêtres, quadrangulaires, n'ayant pas moins de 4 mètres de largeur sur 4 mètres 30 centim. de hauteur, chacune divisée en deux par une petite colonnette. Les baies de la bibliothèque Sainte-Geneviève n'ont que 2 mètres 75 centim. de largeur, et cependant la salle est suffisamment éclairée. Il y a donc lieu d'être certain que les ouvertures vitrées de la future bibliothèque de notre École, quoique ne livrant la lumière que d'un seul côté, éclaireront suffisamment la salle de lecture.

Ajoutons que les colonnes d'ordre ionique, dressées sur un soubassement à refends, auront pour couronnement un entablement avec une large frise ornée de rinceaux et surmontée d'un chéneau en pierre.

Ajoutons encore que les extrémités de notre façade seront terminées par de larges pilastres, ou antes, ornés d'attributs, et supportant de grands trépieds rappelant ceux que, dans l'antiquité, on consacrait à Apollon, le dieu des arts et de la médecine.

Enfin, cette même façade aura, dans son milieu, une entrée sur le boulevard. M. Ginain a le projet d'y accoler deux cariatides, figures de 4 mètres de hauteur, symbolisant la médecine et la chirurgie.

Maintenant, que le lecteur veuille bien me suivre : je vais le conduire dans la salle même de la bibliothèque. Nous pouvons y arriver de deux manières :

Du côté du boulevard Saint-Germain, par l'entrée citée plus haut.

Du côté de la place de l'École-de-Médecine, par la grande et magnifique cour d'honneur que nous connaissons tous, et qui est l'œuvre de Gondoin.

L'aile gauche de cette cour, c'est-à-dire le côté où se trouve ce bel escalier par lequel on monte à la bibliothèque actuelle et au musée Orfila, reste intacte, ainsi, par conséquent, que la salle actuelle de la bibliothèque, qui sera consacrée, m'a-t-on dit, à la soutenance des thèses.

Mais l'aile droite, là où se trouvent le secrétariat, le vestiaire, la salle d'assemblées des professeurs, est bouleversée de fond en comble, ou plutôt entièrement démolie ; et à sa place régnera un vaste et beau vestibule au bout duquel s'élèvera majestueusement un magnifique escalier à triple révolution. C'est par cet escalier que l'on arrivera à la bibliothèque, aux collections anatomiques, lesquelles ne changeront pas de place, mais dont l'emplacement sera agrandi, grâce à l'appoint de bâtiments à construire sur la rue de l'École-de-médecine et sur la rue Hautefeuille, sur l'emplacement de l'ancien collège des Prémontrés, dont l'église est en ce moment occupée, d'une manière provisoire, par les laboratoires de chimie et les salles d'examens.

La *salle principale* de la bibliothèque aura 86^{m}000 de longueur (6 mètres de plus que la bibliothèque Sainte-Geneviève), 10^{m}000 de largeur et 10 mètres de hauteur.

Juste au milieu de cette hauteur, et dans tout le pourtour de la salle, régnera une galerie en encorbellement, à laquelle on arrivera par des escaliers ménagés à chaque extrémité.

Le plafond, divisé en quinze travées par de grandes poutres, sera sobrement orné de caissons renfoncés.

Comme cela a lieu à la bibliothèque Sainte-Geneviève, une grille, à hauteur d'appui, se développera parallèlement aux grands côtés de la salle, et à la distance d'environ 1 mètre 1/2 des casiers. Excellente disposition, qui évite les casiers fermés à clef, éloigne les étrangers de l'approche des livres et n'en permet l'accès qu'aux gens de service.

La partie supérieure des murs, au-dessus des casiers, en face des fenêtres, et aux deux extrémités, est destinée à recevoir des peintures dont les sujets seront empruntés à l'histoire de la médecine. Je voudrais que l'artiste montrât Ambroise Paré liant les artères, Harvey découvrant la circulation, Jenner inoculant pour la première fois le cow-pox sur un être humain.

Ces deux extrémités seront ornées, chacune, d'un hémicycle rappelant celui de la belle salle de lecture de la Bibliothèque nationale, et devant lequel se tiendront les bibliothécaires adjoints et les sous-bibliothécaires.

On voit, par cet heureux arrangement, qu'il y aura deux séries de casiers, l'une au-dessous, l'autre au-dessus de la galerie en encorbellement.

Chacune de ces deux séries aura 2 mètres 50 de hauteur.

En voilà plus qu'il ne faut pour dresser gentiment et confortablement sur leurs tablettes les 60 à 65,000 volumes que nous possédons.

Alors disparaîtront les malencontreuses armoires grillagées, lesquelles forment comme une série de petites bibliothèques à la file les unes des autres.

Plus de doubles rayons qui entravent tant le service.

Plus de ces vilaines étiquettes multiformes, découpées à l'aventure, et qui sont comme des emplâtres appliqués sur le dos de nos chers livres.

Au bûcher ces lourdes et monstrueuses échelles mobiles, dont le grincement me fait sauter sur le fauteuil de bureau.

Au feu, pareillement, ces tables de travail, bonnes tout au plus pour une école primaire de village.

Plus tous ces catalogues partiels qui allongent le temps des recherches.

Nous aurons :

Une vaste et belle salle, disposée avec tout le confortable qu'imposent les exigences modernes.

Quinze à seize tables de travail, perpendiculaires au grand axe de la pièce, et, par conséquent, éclairées de côté par les jours spacieux de la façade du boulevard Saint-Germain.

Quatre autres tables, plus grandes, dressées en sens inverse, et consacrées à la lecture des journaux, à l'étude sur les grands in-folio, etc., etc.

Un casier spécial dans lequel nous conserverons amoureusement nos raretés, nos incunables, nos ouvrages à figures, notre *réserve*, enfin.

Un autre casier où nous mettrons tous les livres d'un usage journalier, et qui seront ainsi à la disposition des lecteurs, sans que ces derniers soient obligés de les demander aux bureaux des bibliothécaires.

Un très-beau salon de lecture pour le Corps enseignant de la Faculté.

Un cabinet de réception pour les bibliothécaires.

L'accès des livres sera facile, leur communication rapide ; grâce à la galerie en encorbellement, on pourra partout les atteindre avec la main, sans le plus petit escabeau.

De simples, mais confortables tapis, assourdiront le pas des arrivants et des sortants, celui des gens de service.

Le calme, la tranquillité, le libre exercice de la réflexion, du recueillement, voilà ce qu'il faut à une bibliothèque publique qui respecte ses habitués, et nous aurons cela.

Et au-dessus de la salle de lecture, de vastes pièces dans lesquelles on pourra ranger les *doubles*, si nombreux et si précieux pour remplacer les exemplaires maculés, déchirés, détériorés par une jeunesse plus studieuse que soigneuse.

Enfin, nous aurons un *Catalogue général*, rédigé avec soin, par noms d'auteurs d'abord, puis par ordre de matières. Nous travaillons ardemment à ce monument qui est l'âme de toute bibliothèque ; c'est la boussole dirigeant le pilote sur le vaste océan. Chaque carte-fiche, — nous en avons déjà rédigé douze mille représentant plus de 25,000 volumes, — porte les nom et prénoms de l'auteur, le titre succinct suffisant de l'ouvrage, la date de la publication, le nom du libraire ou celui de l'imprimeur, le format du livre, sa pagination, un numéro d'inventaire (à l'encre rouge), un numéro de cataloguement (à l'encre noire).

Avec le catalogue par noms d'auteurs, nous dresserons un catalogue par ordre de matières : projet tant de fois conçu, tant de fois commencé à la bibliothèque de la Faculté, et qui n'a jamais été exécuté dans son ensemble. Quelle précieuse et inestimable chose qu'un guide colligeant sous une même rubrique tous les ouvrages se référant à telle ou telle partie des connaissances médicales !

MM. Hahn et Corlieu, bibliothécaires-adjoints, Petit et Thomas, sous-bibliothécaires, et moi, nous savons le devoir qui nous incombe. En dehors de ce devoir, il y a un légitime orgueil qui excite encore notre zèle à faire ce que nos devanciers, par des circonstances dont il est inutile de parler, n'ont pas pu faire, et à doter enfin notre bien-aimée École d'une bibliothèque digne de sa grandeur et du rôle qu'elle joue dans l'Université. Encouragés par M. le professeur Vulpian, notre digne et excellent doyen, notre chef hiérarchique, aidés par une administration qui ne peut être que bienveillante, et qui a à cœur d'élever encore le niveau des hautes études, nous ne pouvons manquer d'arriver au but tant désiré. On peut compter sur nous.

Et puisque ce mot *inventaire* arrive sous notre plume, disons que ce travail considérable, afférent spécialement aux côtés administratif et financier, est fort avancé ; que le premier volume (8,293 n°ˢ représentant 9,426 ouvrages et 19,884 volumes) est achevé, et que le second est presque à moitié chemin.

Paris. — Typographie Félix Malteste et Cⁱᵉ, rue des Deux-Portes-Saint-Sauveur, 22.

www.ingramcontent.com/pod-product-compliance
Lightning Source LLC
Chambersburg PA
CBHW060444050426
42451CB00014B/3218